AF198658

RAINER WÖRTMANN

CHAMPAGNER & CO.

100 FRAGEN –
100 ANTWORTEN

Für Renate

© 2019
Rainer Wörtmann
20144 Hamburg

rwoertmann@aol.com

Idee, Text und Gestaltung:
Rainer Wörtmann

Herstellung und Verlag:
BoD - Books on Demand
22848 Norderstedt

ISBN 9 783750 413573

INHALT

1 Von wem wurde der Champagner erfunden?
Es war der Mönch Dom Pérignon (1639-1715), Keller-
meister in der Benediktinerabtei Hautvillers. Ihm ist die
„Vermählung" von verschiedenen Lagen zu danken, wie
auch das *Weißkeltern* roter Reben. Leider hat er die weite
Verbreitung des Nobelgetränkes um 1880 nicht erleben
können.

2 Was versteht man unter *Weißkeltern*?
Bezeichnung (auch *Hellkeltern*) für eine Form der Wein-
bereitung, bei der aus Rotweintrauben ein Weißwein
oder hellroter bzw. rosé ähnlicher Wein gekeltert wird.

3 Was ist der Champagnerparagraph?
Im Versailler Vertrag vom Mai 1919 gab es einen
Champagnerparagraph, dieser verbot den deutschen
Produzenten fremde Herkunftsbezeichnungen für ihre
Produkte zu benutzen.

4 Was ist eine Agraffe und wer hat sie erfunden?
So bezeichnet man den Drahtkorb zum Festhalten

des Korkens. Die Agraffe soll dem Druck, der bei der Flaschengärung entstanden ist, stand halten. Dieser Drahtkorb war nur einer der Geniestreiche des Mönchs Dom Pérignon im Zusammenhang mit der Herstellung von Champagner.

5 Was ist das älteste Champagnerhaus der Welt?
Schon 1729 gründete Nicolas Ruinart das erste Champagnerhaus der Welt, das heute noch besteht.

6 Darf der Begriff Champagner nur in Frankreich verwendet werden?
Laut internationalen Vereinbarungen ja, aber von USA und Südafrika wurden diese Vereinbarungen nicht unterschrieben, so dass diese Länder ihren eigenen Champagner produzieren. Die Fabrikationsmethode Champagner ist jedoch nicht geschützt.

7 Warum gibt es so viele Umschreibungen für die Champagner-Herstellungsmethode?
Seit 1994 darf auf den Etiketten kein Anklang an *Champagner* vorkommen. In Spanien umschreibt man die *Methode Champenoise* mit *Cava*, in Deutschland benützt man die Beschreibung *Sekt* auch *klassische Flaschengärung* oder *nach traditionellem Verfahren*. Die Italiener nehmen die Zusatzbezeichnung *metodo classico* oder *tradizionale*, die Engländer *Sparkling wine*.

8 Was unterscheidet Champagner von anderen Schaumweinen?
Die Herkunft der Basisweine aus der Champagne, Ertragsbeschränkung, gewissenhafte Arbeit im Keller, Flaschengärung und Mindestlagerzeit auf der Hefe.

9 Wo liegt das Anbaugebiet Champagne?
150 km nordöstlich von Paris, es ist das nördlichste Anbaugebiet Frankreichs. Im Vergleich zu deutschen Anbaugebieten auf den gleichen Breitengraden wären es die südliche Pfalz und der Kraichgau im Badischen.

10 Wie heißen die vier Gebiete der Champagne?
Südlich von Reims, die *Montagne de Reims,* das *Vallé de la Marne* mit der Stadt Epernay, weiter im Süden, die *Côte de Blancs* mit *Côte de Sézanne*, noch weiter im Süden, das *Département Aube*. Das gesamte Anbaugebiet für Champagnertrauben ist von Gesetzes wegen auf etwa 34000 Hektar begrenzt.

11 Welches Klima und welche Böden kommen in der Champagne vor?
Das Klima ist eine Mischung aus kontinental und maritim. Der maritime Einfluss sorgt für Regen. Der kontinentale Einfluss sorgt für die nötige Sonne, um vollreife Trauben zu erzeugen.
Der Boden besteht zum großen Teil aus einer tief reichenden Kreideschicht. Die Sedimente an der Oberfläche sind aus Kreide, Mergel und Kalkgestein. Speziell die Kreide ist für die Rebsorten besonders günstig.

12 Wieviel Champagnerflaschen (0,75 l) wurden 2017 produziert?

2017 betrug das gesamte Volumen ca. 385 Millionen Flaschen. Größter Einzelerzeuger mit 62,2 Millionen war der LVHM-Konzern mit den Marken Moët Chandon, Veuve Clicquot. Krug, Ruinart, Dom Pèrignon und Mercier.

13 Was waren 2018 die wichtigsten Exportmärkte ?

Großbritannien	28 Millionen Flaschen
USA	24 Millionen Flaschen
Deutschland	14 Millionen Flaschen
Japan	13 Millionen Flaschen
Belgien	9,2 Millionen Flaschen
Australien	8,4 Millionen Flaschen
China	4,7 Millionen Flaschen

14 Welche Rollen spielen Frauen in der Geschichte der Champagnerherstellung?

Große Schritte in der Entwicklung kamen von Frauen. Die „Witwe Cliquot" (franz. *Veuve Clicquot)* erfand den

ersten Rosé und machte Champagner zu dem klaren Trunk, wie wir ihn heute kennen. Madame Pommery erfand 1874 den *Champagner brut.* Nur um zwei Beispiele zu nennen.

15 Gibt es deutsche Produzenten in der Historie des Champagners?
Die Kellereien Bollinger, Deutz & Geldermann, Heidsieck, Krug und G. H. Mumm haben alle deutsche Gründerväter.

16 Wie sehr leidet die Champagne unter dem Klimawandel?
Durch den Klimawandel haben sich die Anbaugrenzen nach Norden verschoben. Die Champagne, dessen Anbaugebiet nicht veränderbar ist, liegt damit zu weit südlich. Man geht davon aus, dass ab dem Jahre 2070 kein Anbau von Champagnerwein mehr möglich ist.

17 Warum hat die Champagnerflasche im Boden eine Vertiefung?
Praktisch alle Champagnerflaschen haben im Boden eine

konische Vertiefung, die die Druckbeständigkeit der Flasche verbessert. Die einzige Ausnahme mit flachem Boden ist die klare Flasche von Roederer Cristal, deren Boden dafür besonders dick ist.

18 Wie kommt es, dass es so viel eigenständige Winzer in der Champagne gibt?

Im ersten Weltkrieg war die Champagne häufig Schauplatz von Kampfhandlungen. Durch die russische Revolution und die Prohibition in den USA brachen Exportmärkte weg. Die Not zwang die Winzer sich von den großen Kellereien zu trennen und eigene Absatzwege zu suchen. Innerhalb der Region gibt es nun mehr als 15000 selbständige Winzerbetriebe, rund 300 Handelshäuser und etwa 40 Genossenschaften.

19 Wieviel Alkohol hat Champagner?

Der Alkoholgehalt muss mindestens 10 Vol.-% betragen. Dies gilt auch für Schaumweine. Perlwein ist ein halbschäumender Wein mit einem Überdruck von 1 – 2,5 bar bei 20 °C. Der Mindestalkoholgehalt beträgt 8,5 Vol.-%. Prosecco kommt als Schaumwein, Perlwein oder Stillwein auf den Markt.

20 Wie entstehen die Klassifikations-Bezeichnungen für Champagner?

Es werden Weinbaugemeinden aufgrund der Qualität ihrer Trauben in eine Skala von 80% -100% eingeteilt. Die Gemeinden die 100% erzielen, dürfen die Bezeichnung *Grand Cru* führen. *Premier Crus* haben eine Bewertung der Trauben zwischen 90% bis 99%. Trauben unter 80%-Qualität darf nur als Hauswein oder zur Destillation verwendet werden.

21 Welche Rebsorten werden in der Champagne angebaut?

Die wichtigste zuerst: *Pinot Noir*, eine rote Traube und als Basis auch für berühmte Weine aus dem Burgund bekannt. Dazu kommt *Pinot Meunier*, auch eine rote Sorte, aber weniger wertvoll. Sie machen 72% des Anbaus aus. Hinzu kommt noch der weiße *Chardonnay*, Basis vieler Prestigemarken. Er ist verantwortlich für das feine Bukett, die elegante Säure, Fruchtaromen und Frische. Außerdem erhöht er die Langlebigkeit des Champagners.

22 Welche Klassen von Champagner gibt es?

Es wird immer nach der Traubenqualität eingeteilt:
Jahrgangs-Champagner oder *Millésime*;
Cuvée Prestige, das Beste einer Firma;
Premier Cru, aus 100 % klassifizierten Trauben;
Grand Cru, aus 90- bis 99% klassifizierten Trauben;
Blanc de Blancs nur aus Chardonnay-Trauben;

Blanc de Noirs, wird aus den Trauben von *Pinot Noir* oder *Pinot Meunier* hergestellt, wobei nach einer schnellen Pressung die roten Schalen sofort vom Most getrennt werden;

Rosè, man lässt nach der Pressung die Schalen solange auf dem Most, bis der gewünschte Farbton erreicht ist.

23 Was ist ein *Blanc de Blancs*?

Weißer von weißen (Trauben) bedeutet, dass es sich um einen reinen Chardonnay-Champagner handelt. Nicht zu verwechseln mit den *Blanc de Blancs,* die als Weißweine aus anderen Regionen angeboten werden.

24 Gibt es roten Champagner?

Obwohl Champagner aus zwei roten und einer weißen Traubensorte besteht, gilt roter Champagner als wenig elegant und untypisch.

25 Welche Rebsorten werden am meisten angebaut?

Pinot Noir (Spätburgunder) wird auf 39 Prozent des Gebietes angebaut. *Pinot Meunier* (Schwarzriesling) befindet sich auf 32 Prozent und *Chardonnay* auf 29 Prozent der Anbaufläche.

26 Wie erreicht man, dass Champagner trotz zweier Rotweine hell bleibt?

Indem man ähnlich wie beim *Blanc de Noirs*, nach einer schnellen Pressung die roten Schalen vom Most trennt.

27 Was versteht man unter Lagerung auf Hefe?
Hiermit wird bezeichnet, dass die Hefe zur Kohlen-
säurebildung nach der zweiten Gärung in der Flasche
verbleibt, um den Champagner länger lagern zu können. Die Hefe wird erst vor der Ausstattung durch das
Degorgieren entfernt.

28 Was bezeichnet man als *Transvasage*?
Das Umfüllen von Champagner unter Druck in kleinere
oder größere Flaschen.

29 Wer kontrolliert die Herstellung?
Der Verband nennt sich C.I.V.C. *(Comité Interprofessi-
onnel du Vin de Champagne)*. Es ist wohl das mächtigste
Gremium im Weinbau generell.

30 Was sind die wichtigen Städte für die
Champagnerherstellung?
Reims mit den Kellereien von Heidsieck, Krug, Lanson,
Roederer, Taittinger, Pommery, Ruinart, Veuve Clicquot
und die Stadt Epernay mit Moët Chandon, Perrier-Jou-
et, Pol Roger und weiteren 30 Kellereien.

31 Was sind die wichtigsten Schritte in der Champagnerherstellung?
1. Die Traubenlese von Hand;
2. Die schonende Pressung der Trauben;
3. Aus verschiedenen Grundweinen wird der
Champagnerwein zusammengestellt;

4. Die Bläschen bilden sich im Champagner durch die zweite Gärung, die Flaschengärung;

5. Um die abgestorbenen Hefezellen aus der Flasche zu bekommen, muss die Flasche den Prozess des Rüttelns durchlaufen;

6. Danach wird die Hefe durch Entkorken entfernt (siehe *degorgieren);*

7. Zuletzt wird der Champagner mit der Fülldosage versehen;

8. Die Flasche endgültig verkorkt und ausgestattet.

32 Was ist das *Cuvée* und *Taille?*
Die von Hand gelesenen Trauben werden in der Kelter zu Most gepresst. Die erste, die beste Pressung nennt man *Cuvée*, die folgenden *Taille*.

33 Was versteht man unter *Débourbage?*
Nach den Pressungen werden die Moste gereinigt. Dies nennt man Vorklärung oder *Débourbage*.

34 Was ist der Morast?
Pektine, die großen Teile vom Fruchtfleisch, senken sich im Gärbehälter nach unten ab. Dieses Nebenprodukt Morast wird in der Brennerei weiterverarbeitet.

CHAMPAGNE
CHARLES HEIDSIECK
ROSÉ RÉSERVE
Maison fondée à Reims en 1851

35 Was bezeichnet man als *Soutirage*?
Nach der Vorklärung kommen die klaren Weinmoste in einen anderen Gärbehälter, dies ist der Abstich oder *Soutirage*.

36 Was ist die *Chaptalisation*?
Die Anreicherung des Mostes mit Zucker. Um den Zuckergehalt des Mostes zu verbessern, wird in manchen Jahren etwas Zucker hinzugegeben.

37 Wo findet die erste Gärung statt?
Die erste Gärung findet im Gärbehälter statt, meist ein Edelstahltank. Durch die Verwandlung des Zuckers im Wein mittels Hefe in Alkohol, ist meist bei ständigen 18° nach sechs Wochen die Gärung abgeschlossen. Der Wein wird wieder umgefüllt und von Hefen gereinigt. Aus Most ist nun Wein geworden und man kann jetzt schon sagen, ob es ein guter Champagner wird.

38 Was ist die *Assemblage*?
Die Zusammenstellung aus verschiedenen Grundweinen zum Champagnerwein. Sie sorgt dafür, dass der typische

Geschmack des Champagners der Kellerei über Jahre gleich bleibt. Das erreicht man, indem Grundweine verschiedener Jahrgänge zur *Cuvée* miteinander „verschnitten" werden. Dabei ist die hohe Kunst des Kellermeisters notwendig.

39 Was versteht man unter „Vermählung"?

Die Herstellung des *Cuvées*, ein Vorgang, der niemals mit Maschinen, sondern von den Kellermeistern, oft mit den Inhabern der Kellerei, durchgeführt wird.

40 Für welche Vorgänge wird der Begriff *Cuvée* verwendet?

1. Der zuerst aus der Kelter laufende Most.
2. Der Verschnitt aus verschiedenen Weinen, die zusammen den Champagnerwein ergeben.

41 Was wird mit *Dosage* bezeichnet?

Wenn dem Wein im Fass noch natürliche Hefen und Zucker zugesetzt werden.

42 Was versteht man unter *Tirage?*

Die Abfüllung der *Cuvées* in Flaschen. Gesetzlich ab

dem 1. Januar folgend der Weinlese *(Vendange).* Von den meisten Winzer wird die Abfüllung im April oder Mai gemacht.

43 Was versteht man unter zweiter Gärung?

Die Flaschengärung, wobei im Wein gelöste Kohlensäure entsteht. Sie findet in Flaschen mit geschlossenem Kronkorken statt. Die zweite Gärung dauert mindestens die gesetzlich festgelegten 15 Monate, für Jahrgangs-Champagner mindestens 3 Jahre.

44 Was nennt man *Degorgieren?*

Nach der zweiten Gärung muss die verbrauchte Hefe entfernt werden. Dafür werden die Flaschen kopfüber auf Rüttelpulte oder spezielle Paletten gestellt und mehrere Wochen lang jeden Tag ein bisschen gedreht und steiler gestellt, damit das Hefedepot sicher zum Kronkorken hinwandert *(Remuage).*

Beim anschließenden *Degorgieren* wird der Flaschenhals in ein Minus-30°-Bad getaucht, der Hefepropf gefriert, die Flasche wird entkorkt und durch den Druck wird etwas gefrorener Champagner mit der Hefe herausgeschleudert.

45 Was ist die Fülldosage?

Wenn der beim *Dégorgement* verlorene Champagner mit

etwas Wein und kleinen Mengen Rohrzucker aufgefüllt wird. Dieser Vorgang entscheidet, ob der Champagner *extra-brut*, *brut*, *sec* oder *demi-sec* wird.

46 Was versteht man unter Ausstattung?

Nach der Fülldosage erhält die Flasche ihren endgültigen Korken, der mit einem soliden Drahtkorb versehen ist. Die Ausstattung beinhaltet auch den Deckel auf dem Korken aus Zinnfolie, eine Halskrause und das Etikett. Der Champagner ist fertig zum Versand.

47 Wann wird Jahrgangs-Champagner hergestellt?

In einem gutem Weinjahr, im Schnitt alle drei Jahre, wird zumeist auf die *Cuvée* verzichtet und nur Wein von den Chardonnay-Trauben des Jahrgangs verwendet.

48 Was ist das Besondere am Rosé-Champagner?

Er ist zumeist von den Aromen der roten Trauben geprägt. Er eignet sich sehr gut als Apéretif. Seit 1990 ist die Nachfrage unaufhörlich gestiegen. Jedes Haus bietet inzwischen Rosé-Champagner an.

49 Wieviel Druck herrscht in einer Champagner-flasche?
Gesetzlich vorgeschrieben ist der Mindestdruck von 3,5 bar, üblich ist aber 6 bar.

50 Gibt es „stillen" Champagner?
Es gibt Weinüberschüsse, die ohne die Kohlesäure-Entwicklung hergestellt werden. Auch sie unterliegen einer strengen Überwachung und werden seit 1974 als *Coteaux Champenois* bezeichnet. Zu den ganz großen Weinen zählt man sie nicht.

51 Was bedeuten die Dosage-Bezeichnungen?
Die Süße des Champagners ist ein wichtiges Geschmackskriterium. Darum unterscheidet man zwischen:
Ultra Brut: extrem trocken, 0 – 3 g Restzucker pro l;
Extra Brut: extra trocken, bis 6 g Restzucker pro l;

Brut: trocken, bis 15 g Restzucker pro l;
Extra Sec oder *Extra Dry*: extra trocken, 12 – 20 g Restzucker pro l;
Sec oder *Dry*: trocken, 17 – 35 g Restzucker pro l;
Demi-sec: halbtrocken, 33 – 50 g Restzucker pro l.

52 Was ist eine *malolaktische* Gärung?

Die *malolaktische* Gärung – Umwandlung der Apfelsäure in die Milchsäure – sorgt dafür, dass Weine weniger sauer schmecken. Der Winzer nutzt sie um für seinen Wein den Geschmack zu erzielen, den er sich wünscht.

53 Was ist Restzucker?

Der Zuckergehalt des Champagners nach dem Hinzufügen der Fülldosage.

54 Was bezeichnet man als Rosé-Mischverfahren?

Bei diesem Verfahren wird Rosé-Champagner erzeugt, indem man weißen Grundweinen einen Schuss roten Stillwein aus der Champagne hinzugibt. Dieser Vorgang ist in der EU verboten.

55 Was versteht man unter *Millésime*?
Dies ist die französische Bezeichnung für einen Jahrgangs-
Champagner, auf dem Etikett gefolgt von der Jahreszahl,
oft auch mit der englischen Bezeichnung *Vintage*.

56 Was ist auf dem Etikett einer Champagner-
flasche zu sehen?
Das Etikett enthält die wichtigsten, zum größten Teil ge-
setzlich vorgeschriebenen und regelmäßig kontrollierten
Mindestangaben, insbesondere:
„Champagne": diese Kurzbezeichnung genießt den ge-
setzlichen Markenschutz der AOC (*Appellation d´Origine
Contrôlée*);
Markenname und Adresse des Herstellers (Winzer, Ge-
nossenschaft oder Champagnerhaus);
Flascheninhalt, z. B. 0,75 l;
Alkoholgehalt, in der Regel 12 Vol.-%;
Außerdem kann auf dem Etikett vermerkt werden:
Zuckergehalt durch die Bezeichnungen *brut, dry* oder
sec sowie *demi-sec*;
tradition: häufig verwendete Bezeichnung für Champagner der Standardqualität;
cuvée: nur aus Weinen der ersten Pressung hergestellt;
réserve: Champagner, der mit älteren Jahrgängen dersel-
ben Lage vermischt worden ist, in der Regel Bezeichnung
für eine gehobene Qualitätsstufe;
cuvée prestige oder *cuvée spéciale*: Spitzenerzeugnis dieses
Herstellers;
Millésime: mit der Angabe des Erntejahrgangs;

Grand Cru oder *Premier Cru,* sofern die Voraussetzungen erfüllt sind.

57 Was sind die kleingedruckten Bezeichnungen am unteren Etikettrand?

Die Herstellerfirma und der Herstellungsort, gefolgt von zwei Initialen und einer Nummer.

Die Initialen:

NM = Marke des Champagnerhauses;

RM = Champagner eines Winzers;

CM = Champagner einer Winzergenossenschaft;

RC = Genossenschaftswinzer;

SR = Winzervereinigung;

MA = Sonder-, Privatabfüllung, dies ist die Domäne der Phantasie- oder Firmennamen. Manche Restaurants lassen sich z.B. unter dem Namen des Restaurants die Flaschen ausstatten.

Die Nummer: die Registrationsnummer beim Champagnerverband.

58 Wie soll Champagner gelagert werden?
Champagnerflaschen sollen am besten dunkel und kühl
gelagert werden, ob stehend oder liegend scheint nach
Meinung von Fachleuten nicht wichtig zu sein.

59 Wie lang kann Champagner gelagert werden?
Nicht länger als 6-8 Jahre und dies auch nur in Ausnahmefällen. Für eine Jahrzehnte lange Lagerung ist es notwendig, dass die Hefe in der Flasche bleibt und erst kurz
vor dem Trinken davon befreit wird. Für Weißweine –
außer Süßweinen – ist eine Jahrzehnte lange Lagerung
eher selten.

60 Wann ist die optimale Trinkreife für Standard-
Champagner?
Champagner sollte man frisch trinken, also innerhalb
von 2 Jahren. Jahrgangs-Champagner kann länger gela-

gert werden, mit unter bis zu 10 Jahren. Wichtig ist, wie lange der Champagner auf Hefe gelagert wurde.

61 Bei welcher Temperatur soll man lagern?
Wenn man Champagner 1 bis 2 Jahre lagern will, ist eine Temperatur zwischen 12 ° und 18 ° richtig.

62 Wie kommt der Champagnerkorken zu seiner eigenartigen Form?
Der Korken hat, bevor er in die Flasche eingebracht wird, die bekannte längliche, zylindrische Form. Die eigentliche Pilzform entsteht später. Der Korken wird stark komprimiert und nur zu 2/3 in die Flasche eingebracht und unter Druck mit einem Deckel und Agraffe gesichert. Der untere Teil des Korkens verliert seine Elastizität und passt sich dem Flaschenhals an. Nur der unterste Teil des Korkens, der den Champagner berührt, behält seine Elastizität. Nach dem Öffnen dehnt sich der untere Teil auf den ursprünglichen Durchmesser aus. Dies alles ergibt die Pilzform.

63 Wann ist ein Champagner trinkfertig?
Mit dem Verlassen der Kellerei ist er trinkfertig.

64 Was bezeichnet man als „edelfirn"?
Champagner der durch längere Lagerung sich zu einem
reifen, dunkleren, weniger stark perlendem Getränk entwickelt.

65 Was ist die richtige Serviertemperatur?
Bei 6° für mindestens fünf Stunden im Kühlschrank.
Man kann sie auch durch eine halbe Stunde im Tief-
kühlfach erreichen, ohne dass der Champagner Schaden
nimmt.

66 Was ist das *Frappieren?*
Man stellt die Flasche in den Kühler, Eiswürfel, dazu
eine Handvoll Salz, etwas Wasser, die Flasche am Hals
zwischen zwei Händen drehen. In einer Viertelstunde ist
das Getränk gekühlt trinkbereit.

67 Gibt es „Korkschmecker" bei Champagner?
Der muffige Geruch und Geschmack ist äußerst selten.

68 Was wird als Standard-Champagner bezeichnet?
Er wird zumeist als *Brut* und ohne Jahrgang *– sans année*
– bezeichnet, da die *Cuvée* aus verschiedenen Jahrgängen
verschnitten wurde.

69 Wie lauten die internationalen Bezeichnungen
der Flaschen-Größen?

0,2 l	Quart
0,375 l	Demi
0,75 l	Standard
1,5 l	Magnum
3 l	Jerobeam oder Doppelmagnum
4,5 l	Rehobeam
6 l	Methusalem oder Imperiale
9 l	Salmanazar
12 l	Balthazar
15 l	Nebukadnezar
26,25 l	Souverain

70 Was bedeutet die Flaschengröße für die Qualität des Champagners?

Je kleiner der leere Raum unter dem Korken im Verhältnis zum Inhalt der Flasche ist, desto besser ist dies für die Qualität des Champagners. Meist wird aber Champagner in größeren Flaschen (3 l) durch Umfüllen aus Standardflaschen (0,75 l) erzeugt und dadurch keine wesentliche Verbesserung erreicht.

71 Was versteht man unter Spezial-Cuvées?

Hierbei spricht man oft von Prestige-Cuvées, d.h. es handelt sich um die besten Produkte einer Kellerei. Meist mit besonderer Ausstattung und Flaschenform und eigenen Namen. Es werden nur die 100% klassifizierten Trauben verwendet. Ein Musterbeispiel dafür ist *Dom Pérignon* von Moët Chandon.

72 Welches Champagnerglas ist das beste, um Champagner zu genießen?

Die Champagnertulpe, sie erinnert zunächst an die Champagnerflöte, wird aber nach oben hin wieder

etwas schmäler. Dadurch entfaltet sich das Bukett besser und kann besser die Nase „umspielen".

73 Warum ist die Champagnerschale weniger geeignet?

Champagnerschalen sehen gut aus und man kann mit ihnen eine Champagner-Pyramide bauen, aber sie bündelt die Perlage nicht. Dadurch ist die Perlage kaum sichtbar und verflüchtigt sich viel zu schnell. Schalen werden nur noch bei Asti Spumante oder Cocktails verwendet.

74 Wie genießt man Champagner?

Zunächst betrachtet man die Klarheit. Danach die Farbe. Generell ist jüngerer Champagner heller, älterer dunkler. Vom hellen Gelb und Goldgelb bis zu Bernsteinfarben reicht die Palette. Beim Rosé sind die Farbvarianten auf die Art der Pressung zurückzuführen.

Das Perlenspiel oder *Mousseux* sollte fein sein. Mit zunehmenden Alter lässt die Kohlensäure nach. Die Gläser sollten nach eier Reinigung mehrfach mit klarem Wasser gespült und sorgfältig ausgerieben werden und im Idealfall eisgekühlt sein.

75 Welche Eigenschaften sollte ein gutes Champagnerglas haben?
Es sollte den Geschmack des Champagners sehr deutlich und unverfälscht hervorbringen, sowie die *Perlage* zur Geltung kommen lassen.

76 Wie öffnet man am besten eine Champagnerflasche?
Man hält die Flasche leicht schräg und umgreift den Korken, nun dreht man die Flasche (nicht den Korken) langsam, bis es ploppt.

77 Was versteht man unter *sabrieren*?
Die *Sabrage* ist das Öffnen einer Flasche mit dem Säbel (franz.: *sabre*). Eingeführt von Napoleon und seinen Offizieren, nach einer gewonnenen Schlacht wurde die Tradition 1812 etabliert.

78 Wie öffnet man eine Champagnerflasche mit dem Säbel?
Von einer richtig gekühlten, nicht geschüttelten Flasche Halsfolie und Drahtkorb entfernen;
Die Flasche fest in eine Hand nehmen;

Den Arm fast komplett ausstrecken, den Flaschenkopf von sich und anderen wegzeigend, 45° nach oben positionieren;

Den Säbel fest halten und die Klinge flach auf die Flasche legen;

Die Klinge mit nur wenig Kraft entlang der Flasche nach vorne führen und parallel auf den Wulst des Flaschenkopfes schlagen;

Der Flaschenkopf kann bis zu einer Geschwindigkeit von 200 km/h nach vorne wegfliegen.

Ein kleiner Trick: die Flasche so halten, dass man an der Stelle trifft, wo die Längsnaht der Flasche in den Wulst übergeht.

79 Was macht man mit dem abgeschlagenen Flaschenkopf incl. Korken?

Er gilt als Glücksbringer, der Korken im Flaschenkopf wird mit dem Datum versehen und aufbewahrt.

80 Was versteht man unter *Crémant?*
Um der großen Nachfrage gerecht zu werden, entschloss man sich 1885 einen Teil der Produktion nach Luxemburg zu verlegen. Das luxemburgische Moselgebiet darf deshalb als einzige Region außerhalb der Grenzen Frankreichs ihren Qualitätssekt mit Flaschengärung als *Crémant* bezeichnen.

81 Wie viel Flaschen Schaumwein werden in Deutschland getrunken?
In den 90er Jahren wurden jährlich ca. 500 Millionen Flaschen Schaumwein – davon waren 14 Millionen Champagner – getrunken.

Damit ist Deutschland, das Land mit dem größten Verbrauch an Schaumweinen überhaupt.

Statistisch gesehen trinkt jeder Deutsche 5 Liter Schaumwein, und liegt damit weit vor den Franzosen und anderen Nationen und ist damit Weltmeister im Trinken von Schaumweinen.

82 Was wird in Deutschland zu Schaumweinen gezählt?

Darunter fällt Sekt oder Qualitätsschaumwein, Winzersekt, Schaumwein, Obstschaumwein und Perlwein.

83 Was ist Perlwein?

Als Perlwein bezeichnet man Wein, der mit künstlicher Kohlensäure versetzt wurde und in der Flasche weniger als 3,5 bar hat.

84 Wo gibt es die Sektsteuer?

Einzig allein in Deutschland und Österreich wird Schaumwein mit einer Steuer belegt. Zuerst gedacht als Beitrag zum Aufbau der kaiserlichen Flotte. Sie beträgt

etwa 1 Euro pro Flasche, dies gilt auch für eingeführten Champagner.

85 Entspricht die Bezeichnung „trocken" bei Sekt den Champagner-Bestimmungen?

Nein, „trocken" bei Sekt entspricht einem Restzucker-gehalt von meist 23 g bis 27 g je Liter und ist damit wesentlich süßer.

86 Gibt es „schäumende" Rotweine?

In Deutschland gibt es Rotsekt und in Russland den roten Krimschaumwein „Krimskoje".

87 Was ist die *Méthode Charmat?*

Es handelt sich um das von den Franzosen Charmat und Chaussepied entwickelte Drucktankverfahren. In den 100000 Liter und mehr fassenden Tanks wird durch Ab-kühlen auf Minusgrade die Kohlesäure inaktiv gemacht. Jetzt ist das Filtrieren der Hefe - die nicht zuvor abgela-gert wurde - und das Abfüllen auf Flaschen möglich. Das komplizierte Rüttelverfahren entfällt.. In Deutschland

wurde dieses preiswerte Großraumverfahren nach dem
Zweiten Weltkrieg weiter entwickelt.

88 Wie werden Winzersekte hergestellt?

Zumeist nach der Champagnermethode, denn in den
großen Drucktanks kann man kleine Mengen kaum ver-
arbeiten.

89 Was versteht man unter *Vin Mousseux*?

In Gebieten Frankreichs, die weder Champagner noch
Crémant herstellen dürfen, nennen die Winzer ihr Er-
zeugnis *Vin Mousseux*. Der nach der Großraummetho-
de erzeugte Schaumwein muss auf dem Etikett als *Vin
Mousseux produit en cuve close* deklariert werden.

90 Woher stammt der *Prosecco* oder *Prosecco Spu-mante*?

Aus Italien, ursprünglich aus den Regionen Venetien
und Treviso. *Prosecco* war die Bezeichnung für eine Traubensorte, die heute *Glera* heißt.

91 Was versteht man unter *Prosecco Frizzante* und *Prosecco Tranquilo*?

Prosecco Frizzante ist ein Schaumwein mit niedrigem Kohlensäuregehalt. Er darf nur aus bestimmten Rebsorten gemacht sein. *Tranquilo* hingegen ist ein reiner Stillwein, nicht perlend und nicht schäumend.

92 Wie versuchen Qualitäts-Hersteller sich von der Massenware Prosecco abzusetzen?
Indem sie neuerdings auf die Bezeichnung Prosecco verzichten und ihren Schaumwein nur noch z. B. *Valdobbiadene DOCG* nennen.

93 Was bedeutet *Cartizze* beim Prosecco?
Die höchste Qualitätsstufe des Proseccos, welche zu entsprechend hohen Preisen gehandelt wird.

94 Was ist der *Asti Spumante*?
Der Schaumwein wird nach der Urmethode – mit einer einzigen Gärung – hergestellt. Man trinkt ihn meist zu Süßspeisen. Dazu passt der stark ausgeprägte Muska-

teller-Geschmack und -Bukett des *Asti Spumante*. Eine Empfehlung wäre *Cinzano Asti Spumante D.O.C.G.*

95 Woran erkennt man einen guten *Cava*?
Das Kennzeichen für einen echten *Cava* ist der eingebrannte Stern im Korken sowie die Qualitätsbezeichnung *Denominacion de Origen Cava*. Eine Empfehlung ist der *Juvé y Camps Cava Cinta Purpura Reserva Brut*.

96 Woran erkennt man einen guten Prosecco?
Beim *Prosecco Spumante* ist es der Zusatz *metodo classico* und die *D.O.C.- oder D.O.C.G.*-Klassifikation.
Die Prosecco Schaum- und Perlweine haben D.O.C.- (geschützter Ursprung) Benennung.
In dem Anbaugebiet Conegliano, Valdobbiadene und Asolo besitzen die Weine die höhere D.O.C.G.- (kontrollierter und garantierter Ursprung) Bezeichnung. Die neuen strengen Auflagen definieren das Anbaugebiet, Herstellungs- und Abfüllort. So darf die Lese der Traube *Gerla* ausschließlich in der Region Friaul-Julisch Venetien und den Provinzen Belluno, Padova, Treviso, Venedig und Vicenza in der Region Venetien stattfinden. Eine Empfehlung wäre *Valdo Valdobbiadene Prosecco Marco Oro D.O.C.G. trocken*.

97 Was versteht man unter einer *Kalten Ente*?
Dies ist nichts anderes als eine Name für eine Bowle. Ein sächsischer Prinz habe die Bowle im 18. Jahrhundert erfunden. Er forderte nach dem Mahl statt heißen Mokka, wie üblich zu dieser Zeit, ein *kaltes Ende*. Der Prinz wollte ein Mischgetränk aus Champagner, Wein, Zitrone und Zitronenmelisse. Mit der Zeit setzte sich die Spaßbezeichnung *kalte Ente* statt „kaltes Ende" durch.
Die Bowle erfreut sich heute wieder großer Beliebtheit. Sie schmeckt nicht nur mit Champagner, sondern auch sehr gut mit Sekt.

98 Gibt es klassische Champagner-Cocktails?
Die Champagner-Cocktails sind die Klassiker unter den
Barmixgetränken.

SOUTHERN TRIP:

Champagnerkelch mit Eiswürfel ausschwenken,
4cl Southern Comfort und 2 cl Orangensaft ins Glas
geben, mit Barlöffel durchrühren und mit kaltem Champagner auffüllen.

CLASSIC-COCKTAIL:

1 vorgekühlter Champagnerkelch (18 cl)
1 Zuckerwürfel
3 Tropfen Angostura Bitter
1 Stück Schale von 1 Bio-Zitrone (ca. 4 cm lang und 2
cm breit)

und eiskalter Champagner zum Aufgießen

KIR ROYAL:

1 cl Creme de Cassis in ein gekühlten Champagner-kelch geben. Das Glas vorsichtig mit Champagner auffüllen.

ST. GERMAIN COCKTAIL:

4 cl St. Germain-Holunderlikör
6 cl Champagner
Club Soda
Holunderlikör und Champagner in ein mit Eiswürfeln gefülltes Longdrink-Glas geben und vorsichtig verrühren. Mit Sodawasser auffüllen und mit einer Zitronenzeste garnieren.

99 Gibt es Kochrezepte mit Champagner?
Der Champagner gibt vielen Gerichten den letzten Schliff. Viele Köche haben deshalb eigene Rezepte dafür entwickelt. Die Anzahl der Rezepte ist enorm, da fast alle Anleitungen in denen Wein vorkommt durch Champagner ersetzt werden können. Wichtig dabei ist, dass der Champagner oder Sekt nicht zu Tode gekocht wird. Falls es doch passiert ist: einfach dem fertigen Gericht noch ein Likörglas frischen Schaumwein zugießen.

100 Ist Champagner gut für die Gesundheit?
Champagner ist für die Gesundheit förderlicher als man glauben mag. Natürlich sollte man den Genuss nicht übertreiben. Schon der berühmte Arzt Professor Sauerbruch hat seinen Patienten – „auch die in der dritten Klasse" – nach der Operation täglich ein bis zwei Gläser Schaumwein verordnet. Champagner gilt als gutes Anregungsmittel für den Kreislauf.

Laut einer Studie können Bestandteile der roten Trauben das räumliche Bewusstsein und das Gedächtnis verbessern. Forscher der *University of Reading* entdeckten jetzt, dass Champagner vor schweren Erkrankungen schützen kann: Wer ein bis drei Gläser Champagner pro Woche trinkt, hat ein geringeres Risiko an Alzheimer-Demenz zu erkranken. Forschungsleiter Jeremy Spencer

CHAMPAGNE

Nicolas Feuillatte

CHOUILLY - FRANCE

BRUT ROSÉ

ist von den Ergebnissen begeistert, wie er im Interview in „Marie Claire" erklärt. „Die Erkenntnisse sind so aufregend, weil moderatem Champagner-Konsum erstmals ein positiver Einfluss auf kognitive Fähigkeiten und das Erinnerungsvermögen nachgewiesen werden konnte." Weitere Tests sollen folgen.

Champagner der überwiegend aus roten Trauben besteht, ist genauso wie Rotwein, gut fürs Herz. Dafür sorgen Pholyphenole, die in den roten Trauben vorhanden sind. Sie können Blutdruck senken, was Herz- und andere Probleme vermindert.

Diese Antioxidantien sollen die Haut entgiften und „die Weinsäure hilft den Teint zu ebnen" sagt Dermatologe Marina Peredo.

Nicht nur die meistens erfreulichen Anlässe zu denen die Korken knallen, lösen Glücksgefühle aus, sondern auch die Inhaltsstoffe Magnesium, Zink und Kalium wirken stimmungsfördernd.

Oft sagt man dem Champagner eine aphrodisierende Wirkung nach, dies ist aber nicht erwiesen. Erwiesen ist, dass Alkohol enthemmend wirkt und das Ambiente – knallende Korken, schöne Champagnergläser und der prickelnde, kühle Genuss – sind sicher nicht hinderlich.

Zu guter Letzt:

Champagner hat weniger Kalorien als Wein, obwohl beide aus Trauben hergestellt werden. Und da Champagner meist in geringeren Mengen ausgeschenkt wird, spart man zusätzlich Kalorien.

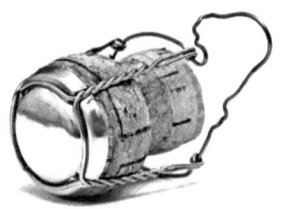

41

„Nach dem Sieg verdienst Du ihn,
nach der Niederlage brauchst Du ihn."
NAPOLEON BONAPARTE
(1769-1821)

„Ich trinke Champagner,
wenn ich froh bin,
und wenn ich traurig bin.
Manchmal trinke ich davon,
wenn ich allein bin;
und wenn ich Gesellschaft habe,
dann darf er nicht fehlen.
Wenn ich keinen Hunger habe,
mache ich mir mit ihm Appetit,
und wenn ich hungrig bin,
lasse ich ihn mir schmecken.
Sonst aber rühre ich ihn nicht an,
außer wenn ich Durst habe."
MADAME LILY BOLLINGER,
AM 17.OKTOBER 1961 IN LONDON

„Champagner ist das einzige Getränk,
das Frauen schöner macht,
je mehr sie davon trinken."
MADAME DE POMPADOUR
(1721-1764)

„Wenn man die Wahl hat zwischen Austern
und Champagner,
so pflegt man sich in der Regel
für beides zu entscheiden."
HEINRICH THEODOR FONTANE
(1819-1898)

„Wie lieb und luftig perlt die Blase,
der Witwe Klicko in dem Glase!"
WILHELM BUSCH,
DIE FROMME HELENE (1872)

CHAMPAGNE

Charles LAFITTE

REIMS · FRANCE

Rainer Wörtmann
war u. a. Chefredakteur der
Zeitschrift „PLAYBOY",
Art Director der Zeitschrift
„TransAtlantik",
verantwortlicher Redakteur
des Titelbildes
„DER SPIEGEL", sowie
Mitglied der Chefredaktion
„SPIEGEL special".

Bereits erschienene Bücher:

„Leicht lernen mit Eselsbrücken",
ISBN 978-3-7448-7128-0;

„Tipps rund ums Kochen",
ISBN 978-3-7322-9878-5,

„WEIN -
100 Fragen & 100 Antworten"
ISBN 978-3-7347-6480-6

„KÄSE
100 Fragen & 100 Antworten"
ISBN 978-3-7448-7128-0,

„FISCHE"
100 Fragen & 100 Antworten"
ISBN 978-3-7460-1130-1.,

SPEISEFISCHE
mit Rezept-Tipps
ISBN 978-3-7481-8277-1

Rainer Wörtmann
lebt als freier Medienberater
in Hamburg und Italien.